Modèle n° 26

le SPITFIRE
péruvien à ailes doubles.

Une merveille de l'aviation sud-américaine
ATTACHEZ VOS CEINTURES !

ÉTAPES

① Commencez là

② Faites ceci

③ puis celà

④ et encore cela

⑤ Dernières bricoles

⑥ et c'est tout.

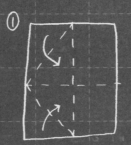
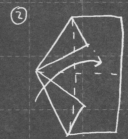

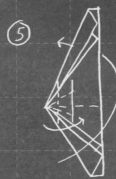
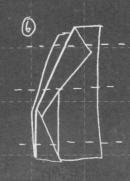

SUGGESTIONS DE LANCEMENT

utiliser votre bras gauche.

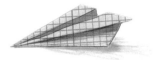

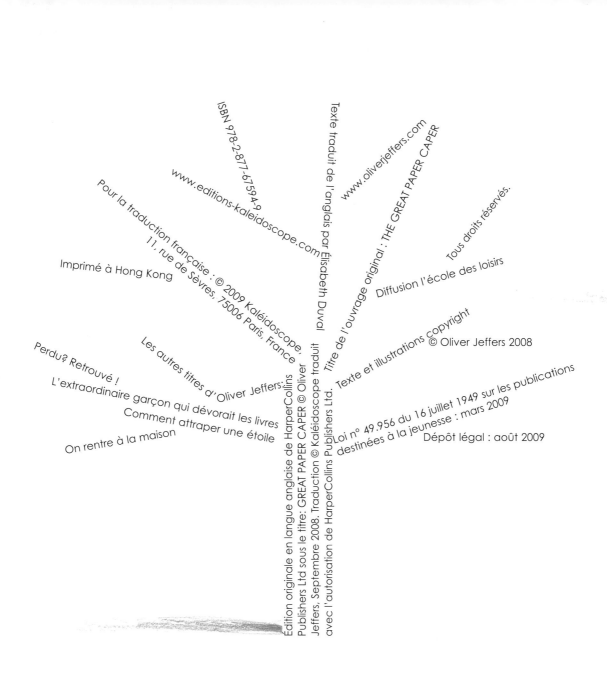

ISBN 978-2-87767594-9

www.editions-kaleidoscope.com

Pour la traduction française : © 2009 Kaléidoscope,
11, rue de Sèvres, 75006 Paris, France

Imprimé à Hong Kong

Texte traduit de l'anglais par Élisabeth Duval

www.oliverjeffers.com

Titre de l'ouvrage original : THE GREAT PAPER CAPER

Diffusion l'école des loisirs

Texte et illustrations copyright © Oliver Jeffers 2008

Les autres titres d'Oliver Jeffers :
Perdu? Retrouvé !
L'extraordinaire garçon qui dévorait les livres
Comment attraper une étoile
On rentre à la maison

Édition originale en langue anglaise de HarperCollins
Publishers Ltd sous le titre : GREAT PAPER CAPER © Oliver
Jeffers, Septembre 2008. Traduction © Kaléidoscope traduit
avec l'autorisation de HarperCollins Publishers Ltd.

Loi n° 49.956 du 16 juillet 1949 sur les publications
destinées à la jeunesse : mars 2009
Dépôt légal : août 2009

Pour Cate

Oliver Jeffers

LE FILOU DE LA FORÊT

kaléidoscope

Il fut un temps dans la forêt...

où rien n'allait comme il faut.

Tous ceux qui vivaient là avaient remarqué des choses étranges.
Les branches ne devraient pas disparaître des arbres comme ça,
se disaient-ils.

Ils se disaient aussi que quelqu'un les volait probablement
et ils s'accusèrent mutuellement.

Mais tous avaient un solide alibi qui les innocentait complètement.
Le voleur d'arbres était forcément quelqu'un d'autre.

L'affaire était
bien mystérieuse.

Une enquête fut ouverte
pour aller au fond des choses.

Ils allaient tous participer activement à l'arrestation du voleur d'arbres.

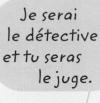

Je serai le détective et tu seras le juge.

Pourquoi ce serait moi le juge ?

Pourquoi pas lui ?

Je suis le plaignant, voilà pourquoi.

112ᵉ
BIENNALE DE
L'AVION EN
papier

COMPÉTITION OUVERTE À TOUS

SAMEDI PROCHAIN 14 HEURES
Entrée gratuite/visiteurs bienvenus !

Ils prirent des photos, des notes
et examinèrent chaque feuille.

Mais ils eurent beau chercher minutieusement,
ils ne trouvèrent aucun indice.

Puis le rapport d'un témoin oculaire les mena
à une preuve qui était tombée non loin de là

et qui portait les empreintes d'une patte d'ours.

Ils avaient trouvé le coupable.

On emmena l'ours pour le photographier

Le lendemain au tribunal, il avoua tout…

… tout sur la compétition d'avions en papier et combien
il voulait la gagner ; il savait qu'il n'était pas très bon et
il ne lui restait plus de papier et il n'avait personne à qui
demander de l'aide. Il était vraiment désolé d'avoir pris
leurs arbres sans autorisation, il n'avait pas voulu causer du tort.

Humm, bon, d'accord, dirent-ils tous.
Mais il lui faudra se racheter en remplaçant les arbres.
Et une compétition d'avions en papier, finalement,
ça semble intéressant.

L'ours tint parole et se racheta.
Et pendant que tout le monde l'aidait à ramasser
ses vieux avions en papier, ils eurent une idée…

Ils les assemblèrent pour en faire un nouveau.

112ᵉ
BIENNALE DE
L'AVION EN
papier

Ligne d'arrivée

fin

TECHNIQUE DE L'AVION EN PAPIER

Notions essentielles de l'excellence aéronautique

Modèle n° 38

le GRAND CONDOR

Aussi élégant qu'effrayant, cet avion glissera dans l'air comme dans du beurre.

ÉTAPES

1. Prendre n'importe quelle feuille de papier avec quatre côtés.

2. Faire les pliages et les bricoles

3. là ça devient compliqué

4. et encore plus compliqué

5. Inspection

6. voilà à quoi ça doit ressembler sinon recommencer.

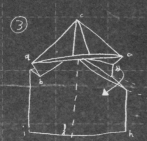

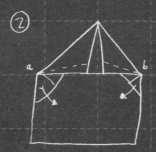

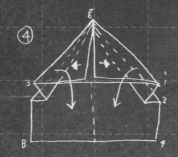

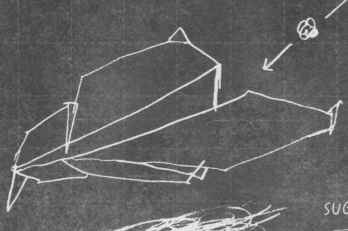

SUGGESTION DE LANCEMENT :

Nécessite un décollage giratoire